AF509314

PIÉCES JUSTIFICATIVES

POUR

LE SIEUR HATTE DE ROUGEMONT.

Extraits des Lettres des Parens paternels & maternels du Sieur HATTE DE ROUGEMONT.

Iº.

LETTRES ÉCRITES

AVANT L'ARRÊT.

Au Sieur HATTE DE ROUGEMONT.

M. de Ravanne, coufin germain maternel.

JE commence ma Lettre, Monfieur & *cher Coufin,* à peu-près dans les mêmes termes que vous; car je ne puis vous cacher que votre filence inquiétoit beaucoup Madame de Ravanne & moi. . . . . Vous me feriez un fenfible plaifir, *mon cher Coufin* . . . . Madame de Ravanne, à qui j'ai fait part de votre Lettre, n'a pas eu moins de joie que moi, de voir, par le détail que vous y faites de votre Affaire, qu'elle prend une bonne tournure. Nous defirerions bien fincérement qu'elle fe terminât à votre fatisfaction, qui fera bien la nôtre auffi ; s'il dépendoit de nous, *mon cher Coufin*, d'en faire accélérer la décifion, vous pouvez être fûr que nous ne nous épargnerions pas. . . . En attendant le plaifir de recevoir de vos nouvelles & de celles de votre Affaire, j'ai l'honneur de me dire avec le plus véritable attachement & l'amitié la plus fincere, Monfieur & *cher Coufin*, votre très-humble & très-obéiffant ferviteur. *Signé*, DE RAVANNE.

De Philippeville le 6 Avril 1765.

A la Dame HATTE.

Je m'intéreffe trop véritablement, Madame, à tout ce qui vous touche, pour ne pas être auffi furprife qu'inquiete des fuites de l'événement dont vous me faites part; *ma tendre amitié pour vous & celle de ma famille, vous font de fûrs garants des vœux que nous faifons toutes deux pour qu'il tourne à votre fatisfaction.* Je crains bien, Madame, de n'avoir pas celle de vous voir auffitôt que je l'efpérois ; notre malheureufe Affaire devenant de jour en jour plus trifte & accablante par les occupations qu'elle me donne, elles ont été caufe que je n'ai pu avoir l'honneur de faire réponfe à *M. de Rougemont*. *J'efpere, Madame, que vous voudrez bien lui faire part de ma Lettre, & agréer mes excufes : recevez l'un & l'autre*, je vous fupplie, les complimens de M. de Chevigné

Madame de Chevigné, femme du Confeiller de Grand'-Chambre, coufin germain du fieur Hatte.

& de mes enfans, & foyez perfuadée des fentimens pleins d'attachement avec lefquels j'aurai toujours l'honneur d'être bien fincérement, Madame, votre très-humble & très-obéiffante fervante. *Signé*, LE PELLETIER DE CHEVIGNÉ.

A la Frette ce 5 Octobre 1764.

Au Sieur HATTE DE ROUGEMONT.

M. de Vandy, coufin du côté du fieur Hatte.

Je reçois dans l'inftant, Monfieur, la Lettre que vous me faites l'honneur de m'adreffer. *La réuffite que vous avez eue, Monfieur, dans les recherches que vous avez faites, ne peut que nous flatter tous.* Je vous en fais mon compliment bien fincere. *Je ne doute point que l'événement qui en réfultera, ne me mette dans le cas de vous le renouveller.* Je vous demande votre amitié, & vous puis affurer que j'en ferai auffi flatté *que d'appartenir à un galant homme tel que vous.*

J'ai l'honneur d'être avec le plus inviolable attachement, Monfieur, votre très-humble & très-obéiffant ferviteur. *Signé*, LE RICHE DE VANDY.

Dieppe, 15 Octobre 1764.

Au même.

M. l'Abbé le Riche, ancien Doyen de Saint Marcel, coufin germain du pere.

J'ai reçu avant midi, Monfieur, en arrivant de mon Prieuré, où j'ai paffé trois femaines, la Lettre que vous m'avez fait l'honneur de m'écrire. Je vous fais bien des remerciemens du détail que vous me faites de votre Affaire. *Je le mérite par l'intérêt bien sincere que j'y prends, & puis vous assurer que je vous desire le succès le plus complet.* Il me paroît que vous avez fait choix d'un célebre Avocat, & que tout se prépare bien. M. l'Abbé Mocet, qui ne m'a point quitté, est très-sensible à votre souvenir, & vous assure de son respect. Je puis vous assurer qu'il s'intéresse autant que moi au succès de votre Affaire. Nous en parlons tous les jours avec les mêmes sentimens. Je compte partir pour me rendre à Paris après la S. Martin, où je serai charmé de vous voir aussi souvent que vos affaires pourront le permettre, & de vous y renouveller les sentimens de l'amitié que je vous ai vouée pour la vie, & qui sont inséparables du respect avec lequel j'ai l'honneur d'être, Monsieur, votre très-humble & très-obéissant serviteur. *Signé,* l'Abbé LE RICHE.

A Tours le 31 Octobre 1764.

Au même.

Si-tôt votre Lettre reçue, Monsieur, j'ai mis la main à la plume pour y répondre. Je suis bien flatté de l'honneur que vous me faites de m'écrire, & je vous félicite du poste que vous avez à la tête du Régiment de Languedoc, Infanterie, dans la position présente. Il faut espérer que la fievre qui vous retient au lit n'aura pas de suite, puisqu'elle n'est occasionnée que par la fatigue du voyage que vous avez été obligé de faire pour *l'Affaire d'honneur & de conséquence que vous êtes*

M. de Fourolle, Chevalier de S. Louis, cousin paternel.

obligé de suivre contre Mesdames *de Vauvray & de Vieuxmaisons.* Vous me rendez bien justice, Monsieur, de penser que je m'intéresse à tout ce qui vous regarde ; toutes les fois que j'ai eu la satisfaction de vous rencontrer, j'ai eu celle de vous le témoigner, ne vous connoissant dans ce tems que pour camarade : actuellement que vous me faites part de votre état, & de la position où vous êtes par le Procès de conséquence que vous avez *pour la succession de M. Hatte, qui paroît vous être due bien légitimement,* cela paroît bien susceptible d'augmentation d'amitié, si c'étoit possible, *puisque nous sommes parens,* & que j'ai eu le malheur jusqu'à ce tems de ne le pas savoir, vous ayant toujours estimé & considéré. C'est dans ces sentimens que je vous prie de ne me pas épargner, si je puis vous être de quelque utilité, & de me rendre la justice de croire, mon cher Rougemont, que je ne cesserai de rechercher votre amitié, & de vous convaincre de l'estime & de la considération la plus distinguée avec laquelle j'ai l'honneur d'être, Monsieur, votre très-humble & très-obéissant serviteur. *Signé,* FOUROLLE.

Je vous serai obligé de me faire part de la réussite du Procès : vous ne devez pas douter de la part sincere que j'y prends. Je passe mes hivers à Auxerre depuis plusieurs années, où j'ai loué une maison ; si vous y passez, ne me brûlez pas, je vous prie.

Au même.

Le vif intérêt que je prends à vous, Monsieur & *cher Cousin,* m'engage à vous écrire la présente, pour m'informer de l'état de votre fanté & de celui de vos affaires ; je defirerois bien ardemment qu'elles fe terminent à votre gré & felon mes defirs, mais je crains bien que cela ne traîne en longueur. Comme je connois votre amitié & vos fentimens pour moi, je me crois obligé de vous faire part, dans le fecret, de l'événement qui vient de m'arriver. . . . . Quand vous aurez quelques bonnes nouvelles de vos affaires à m'apprendre, je vous prie de m'en faire part, & d'être perfuadé de l'intérêt réel que j'y prends. . . . J'ai l'honneur d'être avec toute l'amitié & l'attachement les plus finceres, Monfieur & *cher Coufin*, votre très-humble, &c. *Signé*, RAVANNE.

A Philippeville ce 9 Décembre 1764.

Au même.

. . . . . . Je ne puis vous exprimer toute la joie que j'ai reffentie en apprenant tout ce qui vous concerne. Soyez, je vous fupplie, perfuadé que *perfonne ne prend plus d'intérêt à la réuffite de votre Affaire*, *à votre avantage, que moi, & que fi cela dépendoit de moi, vous feriez bientôt content : faites-moi donc le plaifir de m'en donner des nouvelles.* . . . *Je vous fupplie de préfenter mes très-humbles refpects à Madame VOTRE MERE, & d'être perfuadé de celui avec lequel je fuis*, &c. *Signé*, l'Abbé DE CHEVIGNÉ.

M. l'Abbé de Chevigné, Gr. Vicaire deSéez, coufin paternel.

A Séez ce 5 Novembre 1764.

Au même.

M. de Ville-
favin , Cheva-
lier de S. Louis,
coufin mater-
nel.

Monsieur, quoique j'euffe été flatté de favoir par Madame Hatte la nouvelle que vous voulez bien me communiquer, je ne le fuis pas moins de l'apprendre par vous-même; l'amitié que vous me marquiez en étoit pour moi un indice : je fouhaite & je defire que Mefdames de Vauvray & de Vieuxmaifons vous *rendent toute la juftice qui vous eft due & à Madame Hatte.* Vous ne devez pas douter de tout l'intérêt que j'y prends, & que je vous en aurois plutôt donné l'affurance fi j'avois reçu votre lettre en fa date, je ne la reçois que dans le moment, après des courfes que j'ai été obligé de faire, & qui ne m'ont rendu chez moi qu'aujourd'hui. Je m'empreffe à vous marquer combien *je fuis fenfible à cet événement* & flatté de l'amitié que vous me témoignez en cette occafion; je vous prie de me la continuer & d'être perfuadé de toute celle que vous m'avez infpirée.

J'ai l'honneur, &c. *Signé,* VILLESAVIN.

Madame d'Auxais, ma fœur, me charge de vous marquer toute la part qu'elle prend à cet événement.

A Villefavin, ce 15 Novembre 1764.

A Madame Hatte.

Le même.

M. de Rougemont m'a fait part , ma chere Coufine, d'un événement qui me flatte infiniment. J'ignorois l'in-
térêt

térêt que je devois prendre à fa connoiffance, & il me pa-
roiffoit cependant qu'il y devoit avoir quelque chofe de
plus intime que les fimples connoiffances. J'efpere que
Mefdames de Vauvray & de Vieuxmaifons fe rendront
à l'évidence & qu'enfin vos malheurs vont finir, je le
fouhaite & le defire de tout mon cœur, foyez-en je vous
prie perfuadée, & des fentimens du refpectueux attachement avec lequel je fuis & ferai toute ma vie, ma
chere Coufine, votre très-humble, &c.

Signé, **Villesavin**.

Ce 15 Novembre 1764.

Au Sieur Hatte de Rougemont.

J'ai reçu votre lettre, Monfieur, par laquelle vous
m'envoyez la copie de celle de M. de Choifeul & le
certificat de vos camarades. Ces deux pieces que j'ai
communiquées, comme vous le defirez, à ma famille,
nous ont fait à tous un grand plaifir, & me paroiffent
bien authentiques & effentielles pour vous ; c'eft une
juftice qui a été rendue à votre mérite & à vos fentimens, & qu'on ne pourroit pas vous refufer. Je fuis,
on ne peut pas plus, pénétré de la part que vous prenez à l'incommodité de mon pere qui vous fait mille
complimens & vous en remercie, ainfi que moi ; il eft
vrai qu'il a reffenti une vive attaque de fon rhumatif-
me, qu'il a été faigné deux fois & pris trois médeci-
nes, mais il va très-bien actuellement. Vous voulez
bien vous charger, Monfieur, de mille refpects & re-
mercimens de la part de toute la famille pour Madame

M. Duperché,
Confeiller au
Parlement, cou-
fin paternel.

Hatte. Nous comptons revenir tous à Paris au commencement du mois prochain , où je ne tarderai pas à lui rendre mes devoirs , & à vous assurer de vive voix du sincere & respectueux attachement avec lequel je suis, Monsieur, votre , &c. *Signé*, Duperche'.

Recevez les complimens de ma mere & de ma sœur, & vous prie de dire mille choses pour elle à Madame Hatte.

Au Château de la Frette , ce mercredi au soir 21 Novembre.

Au même.

Madame de Ravanne, cousine maternelle.

Voulez-vous bien , Monsieur, qu'on vous distraie un moment pour vous souhaiter une heureuse année & l'accomplissement de tous vos desirs. Ce mot renferme tout. Vous devez être persuadé de tout l'intérêt que j'y prends par inclination & par reconnoissance. Si je vous disois davantage, ce ne seroit qu'une répétition de ce que j'ai eu l'honneur de vous dire à Paris. Je me flatte que vous n'oublierez pas la promesse que vous m'avez faite, & que vous voudrez bien me faire part du résultat de votre affaire. En attendant, si votre tems vous le permet, donnez-moi des nouvelles de votre santé & de celle de Madame Hatte, à qui je suis sincerement attachée ; c'est un sentiment que je ne diviserai pas : *tel il est pour la mere , tel il est pour le fils.* Il me tarde de pouvoir vous en assurer de vive voix. En attendant ce plaisir, je vous prie, Monsieur, de me croire pour la vie votre très-humble & très-obéissante servante. *Signé*, de Ravanne.

A Philippeville, ce 26 Décembre 1764.

II°.

LETTRES ECRITES

DEPUIS L'ARRÊT.

Au Sieur HATTE DE ROUGEMONT.

IL n'y a pas eu un moment, Monſieur, mon très-
digne & très-reſpectable ami, dans les jours qui ſe
ſont écoulés, où je n'aie partagé vos douleurs & vos
juſtes eſpérances fondées ſur les bontés du Roi & la
ferme juſtice du Miniſtre. Recevez donc, le plus digne
des hommes, mon compliment égal aux plus ſinceres
de ceux qui vous feront faits, &c.

Signé, DE RAVANNE.

Au Fey, 22 Juin 1765, à dix heures du ſoir.

*M. de Ra-
vanne, frere
de la mere.*

Au même.

Je reçois, Monſieur, avec une ſenſibilité inexpri-
mable la lettre que vous m'avez fait l'honneur de m'é-
crire. J'ai infiniment regretté de n'avoir pu vous peindre
avant mon départ le vif & ſenſible intérêt que j'ai pris
au Jugement de votre Procès; mon état a mis obſtacle
au bonheur que je m'étois propoſé de vous voir, &
dans le nombre des ſacrifices qu'il me fait faire tous

*M. le Comte
Digny, Ecuyer
du Roi, couſin
paternel.*

B ij

les jours c'eſt celui qui m'a le plus coûté & le plus donné de regret. La juſtice que le Roi vient de vous rendre, Monſieur, me cauſe une bien véritable ſatisfaction : recevez mon compliment & diſtinguez-le je vous prie de tous ceux qui vous en feront, par la ſincérité dont il eſt. *Malgré la déciſion du Parlement, je me ferai toujours gloire & honneur de vous appartenir. Regardez-moi donc , je vous conjure, Monſieur, comme le parent le plus attaché & le plus dévoué, & honorez-moi d'une amitié que je m'efforcerai de mériter.* Je me fais une joie très-grande, à mon retour de mon Régiment, de vous aſſurer de vive voix de la ſincérité des ſentimens avec leſquels j'ai l'honneur d'être, &c.

Signé, Digny.

Oſerois-je vous prier, Monſieur, de vouloir bien aſſurer Madame Hatte de mon reſpectueux attachement? Le Chevalier de Courchamps s'étoit propoſé de m'y préſenter au moment qu'il eſt tombé malade.

Montoire, ce 5 Juillet 1765.

Au même.

M. de Chevigné , grand-Vicaire de Séez, couſin paternel.

Je vous ſuis infiniment obligé, Monſieur, d'avoir bien voulu m'informer de la grace que le Roi vient de vous faire, en vous accordant la place de ſon Lieutenant de Belle-Iſle en mer; recevez-en, je vous prie, mon compliment, & ſoyez perſuadé du ſincere attachement avec lequel j'ai l'honneur d'être, &c.

Signé, Le Riche de Chevigné, Vicaire Général de Séez.

Le 8 Juillet 1765.

Au même.

Je ne vous ai point écrit à la réception de la vôtre, *mon cher Cousin*, d'autant que j'ai fait un petit voyage. Vous ne devez pas douter du plaisir que votre lettre m'a fait & de la part que je prends à la grace que le Roi vous a accordée. Si Belle-Isle n'étoit pas si loin, je me ferois une grande fête de vour aller voir dans votre petit Gouvernement quand vous y serez établi. J'ai montré votre lettre à M. DE LA SALLE *, chez qui je vais souvent : je lui ai promis que nous irions dîner chez lui, si vous venez me voir cet été. Sa Terre n'est qu'à une lieue de la mienne. Je ne crois pas pouvoir aller à Paris avant l'hiver ; j'irai sûrement vous voir à mon premier voyage. Je saisirai toujours les occasions de vous prouver le sincere attachement avec lequel je suis, *mon cher Cousin*, votre, &c.

Signé, PETON DE VIDAME.

Maulette, ce 11 Août 1765.

Au même.

Je n'ai été informé, Monsieur, de la fâcheuse décision de votre Procès que long-tems après, par la voix du public ; n'ayant aucunes nouvelles de vous, & craignant de renouveller vos peines, ainsi que celles de ma tante, j'ai pris le parti de ne point vous écrire. Si vous croyez que ce soit par défaut de sensibilité, vous me faites le plus grand tort, car perſonne n'a reſſenti plus vivement que moi ce malheureux événement. Màdame du Tailly, à qui j'en ai écrit, peut, quand elle voudra, me juſtifier dans votre eſprit, & vous dire combien cela m'a affecté. Madame de Ravanne en a pleuré de douleur. Ce que le Roi a fait pour vous, Monſieur, eſt une juſtice qui vous eſt due ; c'eſt en même tems un foible dédommagement des juſtes prétentions que vous aviez. Vous aviez bien raiſon de dire que tout ce qui eſt au jugement des hommes eſt incertain. Quelle Cauſe paroiſſoit mieux établie que la vôtre ? Avoir pour ſoi *la vérité & le public*, il ſemble que cela n'auroit pas dû ſouffrir la moindre difficulté. *Quoi qu'il en ſoit du Jugement rendu, vous êtes toujours mon parent, & je vous prie d'être mon ami, comme je ſuis bien ſincerement le vôtre.* Madame de Ravanne qui eſt dans ſon lit, & qui a penſé mourir depuis notre retour à Charleville, tant par maladie que d'accident, me charge de vous faire mille complimens. Préſentez, je vous prie, mes reſpects à ma chere tante, & croyez-moi pour la vie, Monſieur, *votre très-humble & très-obéiſſant ſerviteur, parent & ami.*

Signé, RAVANNE.

De Charleville, le 21 Août 1765.

Au même.

M. de Vandy, couſin germain du pere.

C'eſt de tout mon cœur, Monſieur, que je vous fais mon compliment ſur la grace que vous venez de recevoir du Roi. Cette grace eſt d'autant plus flatteuſe pour vous, que tout le monde conviendra que vous la méritez ; je n'aurois pas attendu que vous m'en fissiez part pour vous en féliciter, si Duperché m'en avoit informé ; mais il m'a mandé simplement qu'il ne m'informoit pas de ce que vous veniez d'obtenir, parce que vous vous proposiez de me faire l'honneur de m'écrire . . . . . . Ma fille vous assure de la joie qu'elle a eue en apprenant la nouvelle qui vous concerne. Soyez persuadé qu'il ne peut vous arriver plus de bonheur que nous en desirons. Ce sont les sentimens avec lesquels j'ai l'honneur, &c. *Signé*, VANDY.

A Vandy, ce 22 Août 1765.

Au même.

J'ai reçu vos deux lettres, Monsieur, & les nouveaux témoignages d'amitié que vous & *ma sœur votre mere* me donnent. J'aurois été bien plus flatté, si nous avions pu vous posséder tous deux au Fey : mais il est juste que les affaires passent avant les plaisirs. Je vous prie de marquer à ma sœur toute mon inquiétude sur sa santé, & vous, Monsieur, d'être convaincu de tous les sentimens avec lesquels je suis votre très-humble & très-obéissant serviteur. *Signé*, DE RAVANNE.

M. de Ravanne, frere de la mere.

26 Août 1765.

Au même.

Vous m'avez fait, Monsieur & très-digne fils, le plus fenfible plaifir du monde de me donner de vos nouvelles & de votre voyage à Belle-Ifle. Vous avez reconnu dans ce pays, comme dans tout autre, les fruits que vous recueillez de vos fentimens & de la conduite intacte que vous avez menée depuis que vous êtes au monde. Peu de perfonnes connoiffent comme vous le prix de l'honneur; auffi, peu de perfonnes jouiffent-elles de la confidération & de l'eftime qu'on vous accorde fans flatterie. La defcription que vous me faites du féjour de l'ifle & de la façon dont vous y avez été reçu eft charmante pour l'ifle, & la réception me prouve que j'ai été affez heureux pour me connoître en homme dès le premier inftant que j'ai été à portée de vivre avec vous. J'ai été vivement touché de l'accident arrivé à ma fœur & de la fuite qu'il a eue. Je crois que cela lui étoit encore réfervé, afin qu'elle eût dans fa vie épuifé tous les malheurs. Madame du Tailly & fa famille vous reconnoiffent à tous les fentimens que vous leur marquez, & attendent triftement leur retour à Paris, puifqu'on ne peut efpérer de vous voir ici, pour vous en marquer toute leur reconnoiffance. Moi, mon cher & très-digne fils, je vous embraffe de tout mon cœur. *Signé*, DE RAVANNE.

Au Fey-fur-Rutil, 3 Octobre 1765.

A la Dame HATTE.

Je prends trop d'intérêt, ma chere Cousine, à ce qui vous regarde, pour ne pas former des vœux pour tout ce qui peut contribuer à votre bonheur & à votre satisfaction. Le renouvellement de l'année me fournit l'occasion (& je la saisis avec plaisir) de vous en renouveller les assurances bien sinceres, & de vous demander la continuation de votre amitié, en retour du véritable & sincere attachement avec lequel j'ai l'honneur d'être, ma chere Cousine, votre très-humble & très-obéissante servante. *Signé,* VANDY.

Je vous prie, ma chere Cousine ,.de trouver bon que j'assure M. de Rougemont de mes complimens, & que je lui souhaite tout le bonheur qu'il mérite.
Ce 28 Décembre 1765.

La Demoiselle de Vandy, cousine germaine du sieur Hatte.

Au Sieur DE ROUGEMONT.

Je ne reçois pas de vos nouvelles, *mon cher Cousin ;* le bruit est que vous avez trouvé des pieces, & que vous en allez rappeller : je le souhaite de tout mon cœur. Je vous aurois plutôt écrit, sans que j'ai perdu votre adresse, ayant donné votre Lettre à lire à plusieurs personnes qui me l'ont demandée, & je crois qu'on ne me l'a pas rendue. J'ignore si celle-ci vous parviendra. Ecrivez-moi donc où vous en êtes : *soyez sûr que per-*

Le sieur de Maulette, cousin du sieur Hatte.

C

ſonne ne s'y intéreſſe plus que moi.

Je ſuis avec les ſentimens les plus ſinceres votre ami. *Signé*, MAULETTE.

Du 25 Décembre 1765.

A la Dame HATTE.

Le ſieur de Vandy, couſin-germain du Sr Hatte.

Je croirois manquer à ce que je vous dois, Madame ma très-chere Couſine, ſi je ne vous renouvellois, au commencement de cette nouvelle année, les aſſurances de mon reſpectueux attachement, en vous ſouhaitant une ſanté parfaite, & l'accompliſſement de tout ce que vous pouvez deſirer; vous priant de me continuer vos bontés, en m'accordant toujours votre amitié, que je me flatte mériter par le reſpect avec lequel je ſuis,

Madame ma très-chere Couſine, votre très-humble & très-obéiſſant ſerviteur. *Signé*, VANDY.

Permettez que M. de Rougemont trouve ici les aſſurances de mon attachement, en lui ſouhaitant tous les bonheurs qu'il mérite.

A Vandy le 29 Décembre 1765.

Au Sieur DE ROUGEMONT.

L'Abbé de Chevigné, Grand Vicaire de Seez, couſin paternel.

J'ai reçu, Monſieur, la Lettre dont vous m'avez honoré. Je vous ſuis infiniment obligé des vœux que vous voulez bien faire pour moi à ce renouvellement d'année; ſoyez, je vous prie, perſuadé que les miens ne ſont pas moins ſinceres pour tout ce qui peut vous être agréable. J'ai l'honneur, &c. *Signé*, LE RICHE DE CHEVIGNÉ, Vicaire Général de Seez.

Je vous prie, Monfieur, de préfenter à Madame Hatte mes très-humbles refpects, & les vœux finceres que je forme pour elle à cette nouvelle année.

A Seez le premier Janvier 1766.

Au même.

Je fuis bien fenfible, Monfieur, auffi-bien que ma fille, aux nouvelles affurances que vous me donnez de votre amitié, que je crois mériter, & aux vœux que vous fait former l'intérêt que vous daignez prendre à ce qui nous regarde. Nous vous rendons bien la réciprocité, avec d'autant plus de raifon qu'il n'eft pas poffible de vous connoître, qu'on ne vous defire tout le bonheur & la fatisfaction que vous méritez. Recevez-en les nouvelles affurances au commencement de cette année, ainfi que celle du véritable attachement avec lequel j'ai l'honneur d'être, Monfieur, votre très-humble & très-obéiffant ferviteur. *Signé*, VANDY.

Le fieur de Vandy, coufin germain du fieur Hatte.

Ma fille & moi vous prions d'affurer Madame Hatte de nos refpects & complimens.

A Vandy le 6 Janvier 1766, par Rhetel, à Vouzieres. Si vous aviez eu la bonté de mettre pareille adreffe, je ne vous aurois pas répondu fi tard, car votre Lettre ne m'a été rendue qu'hier.

Au même.

La Dame d'Auxais, coufine maternelle.

Je prends tant de part, Monfieur, naturellement aux forts malheureux, que vous ne devez pas douter de tout l'intérêt que me caufe votre fituation, *ayant l'honneur de vous appartenir.* J'ai eu celui de connoître Madame votre mere ; je me la remets très-bien , & ne fuis pas étonnée qu'elle ne fe reffouvienne pas de moi, parce que j'étois fort enfant, quoiqu'elle fût jeune. J'efpere que vous voudrez bien me rappeller dans fon fouvenir. *Recevez, Monfieur, les vœux que je fais pour votre fatisfaction & le gain total de votre Procès ; s'il dépendoit de ma façon de penfer, vous auriez plein contentement.* J'ai l'honneur d'être, Monfieur, votre très-humble & très-obéiffante fervante. *Signé,* ADINE DAUXAIS.

A Villefavin ce 8 Janvier 1766.

Au même.

Le fieur de Ravanne, coufin maternel.

Vous ne devez nullement douter, *Monfieur & cher Coufin,* du vif intérêt que je prendrai toujours à tout ce qui vous regarde. Je fuis très-flatté d'apprendre que vous ayez préfenté votre Requête en caffation de l'Arrêt de la Grand'Chambre : *je n'ai cependant pas befoin de la décifion du Parlement pour vous être attaché ;* mais comme il en réfultera un bien pour vous, je defire de tout mon cœur que l'on vous rende la juftice qui vous eft due. Madame de Ravanne partage bien fincerement fa façon de penfer, & vous fait mille complimens. Ne me laiffez point ignorer, je vous prie, tous les événemens qui s'enfuivront ; foyez fûr de la part que j'y prends, & que perfonne ne vous eft plus attaché , *Monfieur & cher Coufin* , que votre très-humble & très-obéiffant ferviteur. *Signé*, RAVANNE.

Faites, je vous prie, agréer nos refpects à ma chere tante.

De Charleville le 7 Janvier 1766.

Au même.

Votre premiere Lettre, Monfieur, dont vous me faites l'honneur de me parler, n'eft point parvenue juf-qu'à moi ; mais je reçus avant-hier, avec grand plaifir, celle du 2 3 Décembre ; on me l'a renvoyée de chez moi à Soiffons, où des affaires me retiennent encore. Je fuis charmé d'avoir de vos nouvelles par vous-même. L'eftime particuliere que j'ai conçue pour vous, m'a toujours fait fouhaiter de cultiver votre connoiffance ; & cette réputation générale dont vous jouiffez en augmentoit encore le defir, & me rendoit votre fort plus intéreffant. Je vous prie inftamment de me marquer quel fera celui de votre Requête en caffation ; fi elle eft admife, je regarderai cet événement comme un préjugé favorable, & bien capable de relever vos efpérances : au furplus c'étoit la feule voie qui vous reftoit pour vous faire rendre l'état que vous réclamez. Auriez-vous fait encore quelques nouvelles décou-vertes ? votre Lettre femble me l'annoncer. Vous méritez par toutes fortes d'endroits qu'on prenne la plus grande part à ce qui vous regarde. C'eſt dans ces ſentimens que je joins à mon remerciement de votre compliment de bonne année, les ſouhaits les plus ſinceres, & que j'ai l'honneur d'être avec une conſidération diſtinguée, Monſieur, votre, &c. *Signé*, LE DAGRE DE MARDREAU.

A l'Abbaye de S. Creſpin en Chaye, près Soiſſons. A Soiſſons ce 17 Janvier 1766.

Permettez que je préſente ici mes reſpects à Madame Hatte.

PIECES qui prouvent que le ſieur HATTE a porté, depuis 1720 juſqu'en 1738, les noms de *Marie-Joſeph-Jean-Baptiſte Corrigé de la Riviere.*

Extrait des Regiſtres d'un Livre des Penſionnaires du feu ſieur CEULLIN, *intitulé :* Livre des Penſionnaires de ma maiſon à commencer du premier Octobre 1720.

Page 24 :

MOnſieur de la Riviere eſt entré en penſion le 7 Août 1725, & donne 300 livres de penſion. Il demeure à la Butte S. Roch *.

* C'étoit la maiſon du ſieur Corrigé.

Du 17 Août, reçu 75 livres pour le premier quartier, par avance.

Du 16 Décembre 1725, reçu de M. Corrigé 75 livres pour le ſecond quartier de penſion de M. de la Riviere, qui écheoira le 7 Février 1726.

Du 8 Mai 1726, j'ai reçu de M. Corrigé la somme de 75 livres pour un quartier de penfion de M. de la Riviere, échu le 7 dudit mois, & 3 livres 17 fols pour débourfés.

Plus, reçu 12 livres de débourfés; favoir, 7 livres pour façon de fes habits, & 5 livres tant pour des bas & des fouliers, que 10 fols à compte de façon de chemifes qu'on lui fait faire.

Du 31 Août, reçu de M. Corrigé la fomme de 75 livres pour un quartier de penfion de M. de la Riviere, échu le 7 du préfent mois d'Août.

Du 27 Octobre 1726, j'ai reçu de M. Corrigé la fomme de 75 livres pour le quartier de penfion de M. de la Riviere, qui écheoira le 7 Novembre prochain, & 3 livres à compte d'un petit gillet qu'on m'a ordonné de lui faire faire.

Du 25 Janvier 1727, j'ai reçu de M. Corrigé la fomme de 75 livres pour le quartier de penfion de M. de la Riviere, échu le 7 Février prochain, fans préjudice des débourfés.

Du 9 Mai 1727, j'ai reçu de M. Corrigé la fomme de 75 livres pour le quartier de penfion de M. de la Riviere, échu le 7 dudit mois de Mai 1727, fans préjudice des débourfés dont j'ai fourni un mémoire de 29 livres, fur lequel il faudra que je tienne compte de 3 livres 10 fols que j'ai reçus avec le quartier de Novembre 1726.

Du 6 Août 1727, reçu comme deffus 75 livres pour le quartier de penfion échu ledit 6 Août. Plus, 9 livres 19 fols pour donner au tailleur, & 20 livres à compte du mémoire de 29 livres fourni le 9 Mai dernier: lefquelles 9 livres, avec 3 livres 10 fols reçus au mois de Novembre 1726, font 13 livres 10 fols à compte dudit Mémoire.

Du 6 Décembre 1727, reçu comme deffus 75 livres pour le quartier de penfion échu le 6 Novembre dernier. Plus, 12 livres à compte des débourfés du mémoire énoncé ci-deffus, & 15 fols pour avoir fait raccommoder fon chapeau.

Du 16 Mars 1728, reçu comme deffus 75 livres pour le quartier de penfion échu le 6 de Février dernier, & 3 livres deux fols pour donner au tailleur, que je lui ai donnés.

Du 5 Juin 1728, reçu comme deffus 75 livres pour le quartier de penfion échu le 6 Mai dernier, & 9 livres 10 fols;

ſavoir, 3 livres 10 ſols pour reſtant du mémoire du mois de Mai 1727, & 6 livres pour deux paires de ſouliers ; un rudiment & façon de cheveux juſqù'à ce jour.

Du 16 Septembre 1728, reçu de M. Corrigé la ſomme de 75 livres pour le quartier de penſion de M. de la Riviere, échu le 6 Août dernier, ſans préjudice des fournitures.

Du 2 Décembre 1728, reçu, comme de l'autre part, de M. Corrigé la ſomme de 75 livres pour le quartier de penſion de M. de la Riviere, échu le 6 de Novembre dernier, ſans préjudice de ſon fruit & des débourſés : pour leſquels débourſés reçu 3 livres pour une paire de ſouliers livrée ledit mois de Novembre.

Du 26 Janvier 1729, reçu comme deſſus 75 livres pour un quartier de penſion de M. de la Riviere, qui écheoira le 6 de Février prochain. Plus, 12 livres de débourſés ; ſavoir, 3 livres 10 ſols pour un Dictionnaire, 3 livres 10 ſols pour un chapeau, 3 livres pour une paire de ſouliers &   pour des bas. Le fruit n'a pas été compté, non plus que les quartiers précédens. Il eſt dû depuis le 6 Mai 1727.

Du 14 Mai 1729, reçu comme deſſus de M. Corrigé la ſomme de 75 livres pour le quartier de penſion échu le 6 du préſent mois, ſans préjudice des débourſés.

Du 25 Août 1729, reçu de M. Corrigé la ſomme de 75 liv. pour le quartier de penſion de M. de la Riviere, échu le 6 du préſent mois.

Du 19 Novembre, j'ai reçu de M. Corrigé 75 livres pour le quartier de penſion échu le 26 dudit, & 13 livres 10 ſols pour débourſés juſqu'à ce jour.

Du 31 Mars, reçu de M. Corrigé 75 livres pour le quartier de penſion échu le 6 Février dernier, & rien pour les débourſés.

Du 17 Mai 1730, reçu de M. Corrigé 75 livres pour le quartier de penſion échu le 6 dudit mois de Mai 1730.

Du 5 Octobre 1730, on eſt venu retirer M. de la Riviere, qui devoit cinq mois de penſion, pour leſquels a été payé 125 livres, & le 3 Novembre 25 livres pour débourſés.

Je certifie que le préſent extrait du Livre des Penſionnaires
de

de feu M. Ceullin est conforme à l'original qui est entre mes mains, intitulé : Livre des Pensionnaires de ma maison à commencer au premier Octobre 1720. En foi de quoi j'ai signé, à Paris ce 5 Décembre 1764. Signé, CAUCHOIX.

EXTRAIT du Registre du feu sieur MOUGIN, ancien Principal du College de la Marche, concernant les Pensionnaires de sondit College.

Page 233 on lit ce qui suit :

M. de la Riviere est entré Pensionnaire le 12 Octobre 1730.

Le même jour, reçu 110 livres pour le quartier de la pension, commencé le 12 Octobre, & échéant le 12 Janvier, y compris bois & chandelle.

Payé pour une robe de College 9 livres 17 sols, pour du papier 1 livre 4 sols; plus pour écritoire 18 sols, plus 12 sols, plus 10 sols, plus 12 sols.

Le 30 Avril reçu la somme de 110 livres, y compris le bois & la chandelle, échu le 12 Avril présent mois : sur laquelle somme j'ai rendu 20 livres 12 sols pour le tems d'absence pendant sa maladie.

Le 29 Juillet reçu la somme de 110 livres pour le quartier échu le 12 du présent mois.

Le 7 Octobre .... 10 livres 5 sols.

Le 29 Octobre 1731, reçu 110 livres pour le quartier échu le 12 du présent mois.

Le 12 Janvier 1732, reçu 110 livres pour le quartier échu le 12 du présent mois de Janvier 1732.

Le 26 Janvier 1 livre 6 sols.

Le 6 Février, avances faites, 1 livre 8 sols pour un Nouveau Testament.

Le 9 Avril 1732, reçu 110 livres pour le quartier échéant le 12 du présent mois.

Le 18 Juillet 1732, reçu 107 livres 10 sols pour le quartier échéant le 12 Juillet 1732.

Le 25 Octobre 1732, reçu 110 livres pour le quartier échu le 12 Octobre présent mois.

Le 26 Janvier 1733, reçu 110 livres.

Plus, le 25 Avril 1733, reçu 110 livres pour le quartier échu le 12 Avril 1733.

Le 16 Juillet 1733, reçu 110 livres.

Le 20 Octobre 1733, reçu 110 livres, donné 8 fols ; plus, *prêté 6 livres par ordre de Madame sa mere, plus 3 livres.*

Renvoi à la page 343 du même regiftre, au haut de la page, on lit :

M. DE LA RIVIERE.

Le 25 Janvier 1734, reçu de M. de la Riviere la fomme de 110 livres pour le quartier de fa penfion échu le 10 Janvier 1734.

Le 19 Avril 1734, reçu 110 livres pour le quartier échu le 10 Avril préfent mois.

Prêté 6 livres par ordre de Madame fa mere.

Le 22 Août reçu 110 livres pour le quartier échéant le 6 Juillet 1734.

Le 24 Janvier reçu la fomme de 110 livres pour le quartier échu le 7 Janvier 1735.

Le 13 Avril 1735, reçu la fomme de 110 livres pour le quartier échu le 7 Avril préfent mois.

Le 18 Juillet 1735, reçu la fomme de 110 livres pour la penfion jufqu'au 7 Juillet 1735.

Le 19 Octobre 1735, reçu la fomme de 110 livres pour jufqu'au 7 Octobre 1735.

Je fouffigné, ancien Principal du College de la Marche à Paris, certifie que l'Extrait ci-deffus eft conforme à l'original du Livre des Penfionnaires de feu M. Mougin, mon prédéceffeur ; lequel Livre eft entre mes mains, & écrit de la fienne : & que les penfions mentionnées audit Extrait lui ont été payées dans le tems par le Sieur & la Dame Corrigé, demeurans alors rue d'Argenteuil Butte S. Roch, & par M. de Moncade, fi's de Mi 'ame Corrigé, demeurant aujourd'hui même rue & même maifon. Je certifie de plus *que j'ai reconnu M. de Rougemont, premier Capitaine factionnaire du Régiment de Languedoc infanterie, & Chevalier de l'Ordre Royal & Mi-*

litaire de S. Louis, auquel j'ai délivré le préfent Certificat, pour être le même individu qui a été audit Collège fous le nom de La Riviere du tems de feu M. Mongin, & pour lequel lefdites penfions ont été payées, ayant exactement les mêmes traits, & fingulierement une marque bleue au côté droit du nez. Fait à Paris ce 22 Novembre 1764. *Signé*, BRESSON.

EXTRAIT des Regiftres des Penfionnaires du Collége de la Marche, fous le fieur Abbé BRESSON, *Principal.*

Au haut de la page 27 du Regiftre, on lit ce qui fuit :

M. la Riviere, doit du 7 Octobre 1735, à raifon de 440 liv. pour toutes chofes.

Le 16 Janvier 1736, reçu par mes mains cent dix liv. pour le quartier de la penfion échue le 7 Janvier 1736, ci . . 110 l.

Tenu compte à M. Mougin le 4 Juin 1736.

Le 16 Avril, reçu cent dix liv. pour le quartier échu le 7 Avril 1736, ci 110

Le 16 Juillet, reçu cent dix livres pour le quartier échu le 7 Juillet 1736, ci 110

Le 28 Septembre, reçu cent dix liv. pour le quartier qui écherra le 7 Octobre 1736, ci . . . 110

Le 4 Janvier 1737, plus reçu cent dix liv. pour le quartier commencé le 7 Octobre 1736, & échéant le 7 Janvier 1737, ci 110

Le 15 Avril 1737, plus reçu cent dix liv. pour le quartier commencé le 7 Janvier 1737, & échu le 7 Avril 1737, ci 110

Le 10 Juillet, plus reçu cent dix liv. pour le quartier échu le 7 Juillet 1737, ci 110

Le 7 Août 1737, plus reçu trente-fix liv. pour le mois échu le 7 Août 1737, jour de fa fortie du Collége, ci 36

Payé entierement.

Je fouffigné, ancien Principal du Collége de la Marche à Paris, certifie que l'Extrait ci-deffus eft conforme à l'original de mon livre des Penſionnaires, & que les penſions mentionnées audit Extrait, m'on. été payées dans le tems par le Sieur & la Dame Corrigé, demeurans alors rue d'Argenteuil, butte S. Roch, que j'ai cru être les pere & mere de M. de la Riviere, lorſque j'ai été manger chez eux, & par M. de Moncade, fils de Madame Corrigé, demeurant aujourd'hui rue d'Argenteuil, même maiſon. *Je certifie de plus, que j'ai reconnu M. de Rougemont, premier Capitaine Factionnaire du Régiment d'Infanterie de Languedoc, & Chevalier de l'Ordre Royal & Militaire deSaint Louis, auquel j'ai délivré le préſent Certificat, pour être le même individu qui a été au Collége de la Marche ſous le nom de la Riviere, & pour lequel leſdites penſions m'ont été payées, ayant exactement les mêmes traits, & ſingulierement une marque bleue au côté droit du ney.* Fait à Paris ce 22 Novembre 1764. *Signé* BRESSON.

CERTIFICAT pour la tonſure donné par feu M. l'Abbé MOUGIN*, Principal du Collége de la Marche, au ſieur anonyme* HATTE*, lorſqu'il portoit le nom* DE LA RIVIERE.

Ego infrà ſcriptus, Preſbiter Sacræ Facultatis Pariſienſis, Licentiatus Theologus, & Collegii Marchiani Primarius, teſtor MARIAM-JOSEPHUM DE LA RIVIERE, Pariſinum, à multis annis in dicto Collegio commorantem, bonis moribus, & humanarum litterarum ſtudio commendabilem eſſe, dignumque nobis videri qui in Clerum adſciſcatur. Datum Pariſiis, die decimâ-tertiâ Decembris, anno milleſimo ſeptingenteſimo trigeſimo tertio. *Signé* MOUGIN.

INSCRIPTIONS * *de Philoſophie, priſes par le ſieur* HATTE*, ſous le nom de Marie - Joſeph - Jean - Baptiſte* CORRIGÉ DE LA RIVIERE.

Ego infrà ſcriptus, antiquus Rector, & Univerſitatis Pariſienſis Scriba, fidem facio Mariam-Joſephum-Joannem-

* Ces inſcriptions ont été produites aux Requêtes du Palais par les Dames de Vauvray & de Vieuxmaiſons. Le ſieur Hatte en avoit perdu le ſouvenir.

Baptiſtam Corrigé de la Riviere, Pariſinum, nomen ſuum
pro tribus ſemeſtribus propriâ manu exaraſſe, annis 1735,
1736 & 1737, in catalogis quos M. Poirier, Philoſophiæ,
dum viveret, in Marchiano Profeſſor, apud Univerſitatis Scri-
bam depoſuit, ſuâ & Gymnaſiarchœ Marchiani Syngraphâ
comprobatos, ita tamen ut cognomina & nomina non eodem
modo ſcripſerit in tribus catalogis, nimirum :

Priore Logicorum , Maria-Joſephus Corrigeé de la Riviere.

Poſteriore Logicorum, { Maria - Joſephus - Joannes- Baptiſta
{ Corrigé de la Riviere , Pariſinus.

Poſteriore Phyſicorum , { Maria-Joſephus-Joannes-Baptiſta
{ de la Riviere , Pariſinus.

Datum Pariſiis, die vigeſimâ-quartâ Februarii, anno 1765.
Signé, FOURNEAU, Univ. Scriba.

PIECES qui prouvent la ſuppoſition de la parenté avec le ſieur DE LA BOURGONIERE.

*LETTRE du ſieur DE LA BOURGONIERE, décédé Major de
la citadelle de Marſeille, à M. de Beauſemaini, Capitaineau
Régiment d'Anjou, ſon neveu.*

A Verſailles, ce 18 Août 1750.

MON cher neveu, je ſuis arrivé ici il y a deux jours, &
auſſi-tôt je n'ai pas manqué d'y chercher M. de Laubeſpine,
que j'ai trouvé à force de l'avoir cherché, & lui ai fait part
de votre Lettre ; il m'a dit avoir répondu à celle de M. ſon
frere, & m'a marqué qu'il lui envoyeroit une Lettre de change
inceſſamment, dont il ſera content; faites-lui bien mes complimens. J'eſpere que nous boirons enſemble à votre ſanté &
auſſi avec votre ancien ami M. Durfort, qui eſt un Cavalier

de mérite & très-estimé dans son Corps , où il fait les fonctions d'Aide-Major. Ménagez son amitié , dans l'occasion il peut vous rendre service , il en a grande envie. J'espere en peu recevoir de vos nouvelles à Paris, comme je vous en ai prié dans ma derniere Lettre, & que vous me marquerez comme votre Inspecteur a traité votre régiment , & si vous en êtes content. Mandez-moi quand vous comptez partir pour la Bretagne. Je voudrois bien que nous puissions faire ce voyage ensemble , mais j'ai peur que non , rapport à l'expiration de mon congé qui me presse de faire mes affaires le plus promptement que je pourrai. *Votre cousin Rougemont* m'écrit de Dol * & me marque qu'il vous y attend avec impatience , & qu'il vous accompagnera jusqu'à Paris. L'on ne dit rien ici d'intéressant, que l'accouchement de Madame la Dauphine que l'on attend de moment à autre ; il y a de grands préparatifs de réjouissance. Je suis de tout mon cœur , mon cher neveu, votre très-humble serviteur & ami. *Signé*, LA BOURGONIERE.

Avant mon départ mandez moi si je puis vous y être bon à quelque chose, je le ferai avec grand plaisir. Bien des complimens à tous nos anciens amis, Messieurs du régiment, à qui j'ai l'honneur d'être bien serviteur.

* Le régiment de Languedoc étoit alors en garnison à Dol.

ACTE de notoriété de la famille du sieur DE LA BOURGONIERE *, sur ladite supposition.*

L'an 1765 , le 6 Février après-midi , pardevant les soussignés Notaires Royaux héréditaires en la Sénéchaussée de Morlaix en Bretagne, furent présents, Ecuyer Jean-François-Marie de la Bourgoniere , Capitaine , Aide - Major d'Infanterie , Garde-Côtes de Bretagne au bataillon de Saint Paul - Leon , fils aîné de feu autre Ecuyer Barthélemi-François de la Bourgoniere , Sieur de Hauteville , en son vivant, Commissaire en titre d'office du département des classes de la Marine à Morlaix , demeurant en ladite Ville , rue de Bourest. Paroisse de Saint Martin , Evêché de Leon ; Ecuyer Julien de Grist , Chevalier , Seigneur , Chef de nom & d'armes du

même nom , comme mari & Procureur de droit de Dame
Anne Françoife de la Bourgoniere fon époufe, aufli fille dudit
feu fieur de la Bourgoniere de Hauteville, demeurant en la
ville de Guerlefquin , Paroiffe du même nom , Evêché de
Treguyer; Ecuyer Jean-François-Marie de la Bourgoniere ,
Sieur de la Villeclaire , aufli Capitaine d'Infanterie , Garde-
Côtes du bataillon de Pleftin , fils de feu Ecuyer Jean-Bap-
tifte-Paul de la Bourgoniere , Sieur des Longray , qui frere
étoit dudit feu fieur de la Bourgoniere de Hauteville & de
M. de la Bourgoniere mort Major de la citadelle de Saint-
Nicolas à Marfeille; ledit fieur de Villeclaire , demeurant audit Morlaix , dite rue de Boureft , même Paroiffe de Saint
Martin ; & Noble Jean Poulin , Sieur de Corbion , Vice-
Conful de la Nation Efpagnole audit Morlaix , fils naturel
& légitime de feue Dame Sufanne de la Bourgoniere , fœur
germaine defdits feus fieurs de la Bourgoniere , demeurant
aufli audit Morlaix , grand' rue , Paroiffe de Saint Mathieu ,
dit Evêché de Treguier ; lefquels ont unanimement décla-
ré , attefté & affirmé , comme en effet ils déclarent , attef-
tent & affirment à tous ceux qu'il appartiendra , que M. de
Rougemont , ci-devant Lieutenant au Régiment d'Aunis Infanterie , & actuellement Capitaine de Cavalerie , n'eft au
cunement de leur famille , de leurs parens , ni même de
ceux defdits feus fieurs de la Bourgoniere , au paternel ni au
maternel , & qu'ils n'ont eu & n'ont actuellement avec lui
nulle parenté , alliances ni affinité quelconques. Ajoute &
déclare de plus, ledit fieur de la Bourgoniere , premier com-
parant en fon particulier , qu'il a connu en 1742 , chez
feu M. de la Bourgoniere fon oncle, Major de la citadelle de
Marfeille , ledit fieur de Rougemont , qui étoit alors Lieutenant au Régiment d'Aunis Infanterie ; que dans les premiers jours que ledit fieur de la Bourgoniere fut arrivé à
Marfeille , chez ledit fieur Major fon oncle, ce dernier le
prévint , & lui dit comme en confidence *que ledit fieur de
Rougemont , qui étoit aufli lors chez lui , étoit le fils d'un
riche Financier de Paris , l'un de fes amis* ; que ledit fieur de
Rougemont lui étoit particulierement recommandé , qu'il
avoit bien voulu confentir que ce dernier l'appellât fon oncle ,

& qu'à son tour il l'appelloit aussi son neveu ; & pria aussi le déclarant d'appeller ledit sieur de Rougemont son cousin, quoiqu'il fût vrai & certain, disoit - il, qu'il n'y avoit aucune alliance ni parenté entr'eux ; ajoutoit ledit sieur Major, qu'il n'agissoit de la sorte avec ledit sieur de Rougemont, que sur les recommandations de Madame sa mere, & pour être en droit de le mieux contenir dans ses devoirs. Desquelles déclarations & attestations que lesdites Parties comparantes chacune en droit soi, affirment d'abondant sinceres & véritables, aux offres de les répeter par tout où il appartiendra, elles ont requis acte que nous leur avons rapporté, à leur valoir & servir que de raison, ès études de nous à Morlaix, sous leurs seings respectifs & les nôtres. *Signé*, DE LA BOURGONIERE, Capitaine, Aide-Major ; VILLECLAIRE BOURGONIERE, POULIN DE CORBION, DE GRIST ; TILLY GUILLAUME, Notaire Royal, DUPRÉ, Notaire Royal. Au dos est la légalisation du Sénéchal de Morlaix. En marge est écrit : contrôlé à Morlaix le 8 Février 1765. *Signé*, PRIEUR.

PIECES qui prouvent l'inexistence du sieur *Etienne Rougemont & de Jeanne Morel*, prétendus pere & mere du sieur Hatte.

CERTIFICAT *du Greffier en Chef de l'Hôtel-de-Ville, Dépositaire des rôles de la capitation.*

NOUS soussigné Jean-Baptiste-Julien Taitbout, Chevalier de l'Ordre du Roi, Greffier en Chef de l'Hôtel-de-Ville de Paris : certifions que dans la huitieme dixaine des rôles de capitation du quartier saint Eustache de cette ville, pour les années 1719, 1720 & 1721, arrêtés au bureau de la Ville les 31 Décembre 1718 & 31 Décembre 1720,

Est compris un cul-de-sac sans nom, rue Montmatre à gauche au-dessus de la rue saint Pierre, mais qui dans les rôles fuivans, & notamment depuis 1740, a été défigné *cul-de-fac faint Pierre*.

Et que dans les maifons compofans ce cul-de-fac, il n'a point été pendant lefdites trois années impofé, ni fait mention d'Habitant des noms & qualité *de Rougemont, Officier*. Fait à Paris ce premier Février 1765. *Signé*, Taitbout.

PIECES qui prouvent les Relations de confiance & d'amitié, qui fubfiftoient entre les Sieur & Dame Hatte, pere & mere, malgré leur féparation.

Lettre du Sieur Hatte a la Dame Hatte.

Premiere Lettre.

..... Après vous avoir donné des nouvelles de ma fanté, *permettez-moi de vous en demander de la vôtre ; je fouhaite qu'elle foit auffi bonne que je l'ai laiffée à Choify. J'ai toujours fur le cœur la partie de campagne que vous avez rompue pour moi. Quelque plaifir que j'aie eu à vous voir, je me reproche ceux dont vous vous êtes privée pour moi, parce que les vôtres iront toujours avant les miens. Je vous recommande nos filles, & vous demande pour elles votre amitié.*

A Melun le 10 Août 1730.

Seconde Lettre.

...... Je ne vois d'autre parti à prendre que de mettre nos filles à Chaillot, & de fe fervir du nom de Madame la Princeffe de Conty, qui nous le propofa. Je conçois qu'il leur y faudra abfolument une gouvernante. Madame de Chevigné m'en avoit parlé d'une, dont elle m'avoit dit bien du bien. Ayez agréable de la voir, pour fçavoir fi on pourroit l'avoir encore. J'eftime qu'il n'y a point de tems à perdre, & que le plutôt

E

que l'on pourra les retirer fera le meilleur. Je compte être à Paris à la fin de ce mois, & si vous voulez bien prendre la peine de voir les Religieuses de Chaillot, & de convenir avec elles de vos faits, *nous les y menerons aussi-tôt que je serai de retour.* Je suis avec un très-sincere attachement, Votre, &c. *Signé*, HATTE.

A Melun le 12 Août 1730.

Troisieme Lettre.

Rien ne convenoit mieux, Madame, pour vos filles que le Couvent de Chaillot. Elles y entreront sous un nom qui fera peut-être soutenir leurs défauts avec plus de patience qu'on n'a fait dans les autres. Je vous dirois que je vous suis obligé des peines que vous avez prises pour les y mettre, si elles n'étoient à vous comme à moi, mais je n'en suis pas moins sensible aux mouvemens que vous vous êtes donnés Je ne prévois pas dans quel tems je pourrai être de retour pour les retirer. Mais si vos arrangemens sont pris pour partir le 8, comme vous me l'avez mandé, je vous prie de ne point différer votre voyage. Il suffira que je puisse trouver à Paris M. ou Madame de Ravane, qui voudront bien venir l'un ou l'autre avec moi pour les conduire à Chaillot, & je serois bien fâché de vous déranger encore une seconde fois d'une partie qui peut vous faire plaisir. J'ai l'honneur d'être, &c *Signé*, HATTE.

A Joigny ce 28 Août 1730.

Quatrieme Lettre.

J'écris dans le moment, Madame, à M. Dupleix, & je lui envoie le mémoire du pere de votre domestique. Soyez bien persuadée, je vous prie, de mon attention pour tout ce qui peut vous intéresser, & du plaisir que je me fais d'aller au devant de tout ce qui peut vous être agréable. M. Dupleix est mon ami particulier, & s'il n'y a point de raison particuliere d'exclusion contre le sieur Brantome, je me flatte qu'il lui accordera la place qu'il demande. *Je commence avec joie par cette occasion notre correspondance pendant ma tournée, que je me ferai assurément un grand plaisir d'entretenir régulierement.*

J'ai l'honneur d'être avec l'attachement le plus parfait, Madame, Votre, &c. *Signé,* HATTE.

Cinquieme Lettre.

Quoique je n'aye pas lieu, Madame, d'être content de Madame de Vauvray, *j'ai été cependant très-touché de vous voir déterminée par des motifs d'honneur & de religion à remplir à son égard les devoirs de mere. J'aurois fort souhaité, & il eût été heureux pour elle & toute sa famille, qu'ils eussent pu vous engager sur-tout dans la circonstance présente à la recevoir chez vous. J'aurois compté que vous y auriez dirigé sa conduite sur les principes qui vous ramenent à elle.* La grace que je vous demande est de vouloir bien penser que le premier des devoirs auxquels vous vous croyez obligée à son égard, est de ne point souffrir qu'elle s'en écarte, &c. *Signé,* HATTE.

21 Février 1741.

Sixieme Lettre.

Il me semble, Madame, que j'ai donné assez de preuves de ma façon de penser pour mes enfans, & qu'elle doit vous être assez connue, pour ne point douter que je n'aye des raisons très-fortes dans la conduite que je tiens avec votre fille. *Je me suis dispensé de vous les dire par ménagement pour vous & pour elle ; mais pour peu que vous l'ayez suivie depuis que vous en êtes rapprochée, il n'a pas dû vous être difficile de les pénétrer. Quoi qu'il en soit, croyez, je vous prie, que le parti que j'ai pris étoit nécessaire autant pour elle que pour toute sa famille, & ne me forcez point, je vous conjure, d'y rien changer. C'est avec une peine infinie que je sens que je ne puis faire ce que vous paroissez souhaiter ; mais y auroit-il trop de présomption à moi de penser que je mérite peut-être assez votre estime & votre confiance, pour que vous vouliez bien approuver les mesures*

que je suis forcé de prendre ? J'ai l'honneur d'être , &c. *Signé,*
HATTE.

Septieme Lettre.

Je ne connois , ni n'ai jamais entendu parler du sieur Jean
dont vous me parlez. Je vois très-rarement la Dame qu'il dit
avoir servie , & il y a tout lieu de croire que si elle en avoit
été contente, qu'elle ne l'auroit pas renvoyé. Le meilleur
parti qu'il me semble qu'il y auroit à prendre , seroit de ne pas
garder un instant chez vous un coquin si insolent. *Ce qui me
fâche le plus de son impertinence , qui par elle-même ne mérite
qu'un très-grand mépris , c'est le saisissement que vous me marquez
qu'il vous à causé dans l'état dont vous sortez ; il peut vous être
fort dangereux , & j'en suis très-allarmé. Je vous demande avec
instance de vous calmer ; c'est faire trop d'honneur à un misérable
de cette espece , que de faire attention à ce qui vient de sa part.
Tranquillisez-vous , je vous en prie, & ne vous exposez point , pour
l'insolence d'un valet , à retomber dans l'oppression & l'étouf-
fement dont à peine vous êtes rétablie ; c'est l'intérêt de votre
santé , & par conséquent celui qui me touche le plus.*
20 Juillet 1746.

---

*PIECE qui prouve que c'est la Dame HATTE qui a fourni
dans tous les tems aux besoins du sieur HATTE son fils.*

Compte fait avec Madame Hatte de toutes les dépenses &
déboursés faits par Monsieur & Madame Corrigé , mes pere
& mere & par moi, pensions, frais de College , menus en-
tretiens & menus plaisirs de M. Rougemont, ci-devant ap-
pellé la Riviere , & compte fait pareillement avec elle de
toutes les sommes qu'elle a remises à mes pere & mere en
différens tems pour subvenir auxdites dépenses. Je déclare
qu'il ne m'en est rien dû, & en conséquence je l'en tiens quitte
tant en mon nom que comme héritier de mes pere & mere,
reconnoissant ladite Dame Hatte ; d'abondant que j'ai fait

l'emploi des fommes qu'elle m'a remifes pour être placées en rentes viageres fur la Compagnie des Indes, au profit de mondit fieur ⬛ Rougemont, ce que j'ai fait. Fait double entre nous, à Paris le premier Mai 1753. *Signé,* Moncade. A côté de la fignature du fieur Moncade eft écrit : approuvé l'écriture. *Signé,* Miotte Hatte.

PIECES qui prouvent la féduction dans laquelle étoit le fieur Hatte, unique caufe de fa féparation avec la Dame fon époufe, & fans laquelle ils fe feroient plus d'une fois réunis.

LETTRE de la Dame DE VANDY, *mere de la Demoifelle* DE VANDY, *coufine germaine de feu M.* HATTE, *décédée il y a* 12 *ans, à la Dame* HATTE.

A Vandy le 13 Août 1733.

Je vous rends mille graces, Madame, de la nouvelle marque d'amitié que vous m'avez fait le plaifir de me donner. Vous êtes bien bonne de penfer à moi, ayant tant d'autres chofes à penfer ; mais je puis vous affurer, Madame, que je la mérite par la tendre amitié que j'ai pour vous. *J'ai été furprife au-delà de ce que je puis vous exprimer, lorfque j'ai appris par la lettre de M. Hatte à mon mari, le mariage de Mademoifelle votre fille. A ma furprife, a fuccédé l'indignation contre la furie d'enfer qui gouverne tout cela. J'aurois cru qu'il ne lui étoit pas poffible de faire plus de mal qu'elle en a fait ; mais je vois bien que je me fuis trompée, & que fes crimes n'étoient pas encore portés à leur comble ; mais Dieu qui voit tout & qui eft jufte, lui rendra un jour ce que méritent fes forfaits.* Vous avez grande raifon, Madame, de ne pas connoître Mademoifelle votre fille fous d'autre nom que le fien ; je penfe fur cela tout comme vous, & je crois que fi mon pere avoit voulu me marier comme cela, il m'auroit plutôt hachée que de me faire dire un *oui* que j'aurois cru si fatal pour moi. Je ne sais si je me trompe, mais je crains que tout cela ne finisse mal pour eux, puisque Dieu a attaché la malédiction dans ses Commandemens pour les enfans qui n'honorent pas pere & mere. Mes freres sont ici avec moi, & nous avons bien parlé de vous, Madame, & le petit mari, qui vous prie de recevoir ses très-humbles respects.

Je suis, &c.

LETTRE du Sieur l'Abbé LE RICHE, *Grand-Vicaire de Tours, cousin-germain du feu Sieur Hatte, à la Dame* HATTE.

A Chinon le 29 Août 1733.

Je ne pus, ma chere cousine, dans ma derniere Lettre, vous dire tout ce que je pensois au sujet du mariage : je n'avois pas encore la tête assez forte pour vous écrire bien au long. Aujourd'hui que je me porte mieux, & que les fievres m'ont entierement abandonné au moyen du quinquina, je puis m'entretenir plus à mon aise avec vous. Il fut donc fait, le mariage, le 27 de l'autre mois, & vous n'en avez eu connoissance que par une lettre du même jour. Voilà donc à quoi ont abouti toutes *ces premieres prévenances & même caresses.* Je ne comprends pas la conduite de M. Hatte dans toute cette occasion. *Il pouvoit vous laisser comme vous étiez, sans paroître vouloir se rapprocher de vous pour vous insulter un mois après. Au surplus, chere cousine, prenez votre parti, & n'allez pas mal à propos vous mettre du chagrin dans la tête Vous jouez le beau rôle dans tout ce qui s'est passé entre vous & lui depuis l'affaire en question : &, selon moi, celui qu'il fait & qu'il a fait, ne doit pas lui faire beaucoup d'honneur parmi les gens qui voudront se donner la peine de penser. Si vous n'avez pas fait revenir vos meubles de chez lui, je vous conseille de les retirer. A quoi bon avoir des meubles dans une maison où vous ne devez pas habiter, & où tout le public sait que vous devriez habiter?* Si vous m'en croyez, pensez sur le compte de vos filles en mere tendre. Si elles vous manquent, ne vous dépouillez pas pour cela des fentimens de mere. Il faut plutôt s'en prendre à ceux qui les conduifent & les confeillent, qu'à elles-mêmes. L'envie de fortir du Couvent & d'être mariées, leur fait faire aifément des fautes à votre égard : *ce feroit à elles à les réparer par la fuite. Je fouhaite, pour elles, qu'elles les fentent, & qu'elles fe mettent en devoir de les réparer.* Vous direz peut-être que je parle en Grand-Vicaire, en vous exhortant à ne pas favoir mauvais gré à des filles qui vous manquent. Mais, encore un coup, dans les premiers momens qu'on a parlé de mariage & de fortie d'un Couvent ennuyeux, je fuis perfuadé qu'elle en étoit fi contente, qu'elle étoit incapable de réflexion : & je ne voudrois pas jurer que la derniere n'en fît autant, car je ne lui crois pas moins d'envie d'en fortir que l'aînée. *Signé,* l'Abbé LE RICHE.

LETTRE de la Dame LE RICHE, *mere du fieur de Chevigné, Confeiller de Grand' Chambre, à Madame* HATTE.

J'ai été bien fenfible, Madame ma très-chere niece, à l'honneur de votre fouvenir. Je ne la fuis pas moins aux marques d'amitié que vous me donnez, que je reçois, je vous jure, de tout mon cœur, en vous affurant d'un jufte retour pendant toute ma vie. Mon aimable niece, j'ai été bien charmée de voir Madame de Chevigné, en même tems fâchée. Dans une pareille occafion je crains bien pour fa fanté. Elle s'afflige beaucoup : l'on va faigner encore ce matin Monfieur fon pere. Elle n'a pas pu avoir un moment pour dîner avec moi. Elle m'a affuré que votre chûte n'a point eu de mauvaifes fuites, ce qui me fait un vrai plaifir. *Je n'eus garde de fortir devant Madame Charliere ; car elle fe feroit perfuadée qu'elle m'auroit fait quitter. Madame Rollin* * *en a bien dit à Madame de Fouroüles* ** *& à M. de Brecourt de tous les torts de Monfieur votre bon mari ; je ne doute pas qu'il ne foit informé de tout ce que nous avons dit. Nous n'entendons point parler de lui ; il fait à merveille de nous laiffer, & de jouir fans témoins de la belle famille. M. de Villiers, qui étoit avec nous, trouve Madame Charliere une furie, & le dit bien à Madame de Fouroüle*

* Coufine germaine du feu fieur Hatte.
** Coufine de la Dame Hatte.

en de bons termes. Je n'ai point vu M. de Fourolle ni M. de Brecourt depuis, & perfonne ne m'a pu rien dire de vos filles: apparemment que tout cela a paffé les fêtes chez leur bonne & digne tante, & que cet hyver nous les verrons au fpectacle tous enfemble. *C'est affez parler de ces indignes perfonnes, il faut les laiffer comme elles le méritent;* & vous prie, chere niece, de faire pour moi mille tendres complimens à Madame de Turbilly. Parlez un peu de moi, & foyez perfuadée que j'en aurai la reconnoiffance que je dois, & que j'ai l'honneur d'être, Madame ma très-chere niece, très-parfaitement votre très-humble & très-obéiffante fervante. *Signé,* DE LA MICHAUDIERE LE RICHE.

M. le Riche vous affure de fon refpect : il eft toujours comme vous l'avez laiffé. Pour moi, j'ai toujours mal à la tête.

A Paris, ce 6 Novembre 1733.

LETTRE de la Dame de VAUVRAY *à la Dame* HATTE, *3 Août 1759.*

Votre lettre m'afflige, ma mere, elle me laiffe à juger que vous ne lifez pas dans mon cœur, ne le jugez pas rempli de ce qu'il vous doit. Croyez-le, je vous en conjure, capable de connoître de tous les devoirs que me forme l'attachement, le refpect, le cri de l'honneur; je connois & de votre fituation & de tout ce que j'y dois, je m'en occupe, & vous l'éprouverez, je l'efpere. Combien j'aurois de témoins que mes vœux pour vous ont précédé votre lettre ! mon cœur les a créés & fait naître, & elle ne peut que le feconder.

Le Curé de Pontoife m'a été adreffé par Madame Charliere, *que je ne vois pas depuis votre procés, & que je ne veux voir de ma vie;* je le connoiffois, & n'avois nul befoin de fon fecours; il eft cependant vrai qu'il m'échappoit d'y avoir recours; elle m'écrivit une lettre très-déplacée, à laquelle j'avois réponfe toute prête à lui faire parvenir; on me retint le bras par confidérations fages, qui ont eu le droit de me foumettre au filence que j'ai gardé, & dans lequel je me renferme encore, jufqu'à ce que je fois forcée dans les retranchemens à le rompre, ce qui certainement fera inévitable. Nous touchons à des

époques

époques qui vont démafquer des intentions criminelles concentrées depuis long-tems dans un cœur coupable, & fait pour nous porter à tous le poignard. Je ne ferai pas trompée, je m'attends à tout, & lui vois évidemment un plan fuivi, médité, foutenu, qui la conduira au port & à la confommation de toutes fes œuvres; fes jours font filés par l'iniquité & le crime, & le mafque de la dévotion eft le comble & le fceau de fon infamie, la fait s'affurer des Prêtres & de fe rendre maîtreffe du moment où elle touche. Les Prêtres ne font rien, ou ne peuvent rien, leur pouvoir cede à la puiffance du fien qui nous a anéanti tous les droits qui ne doivent jamais mourir dans le cœur d'un pere; & faits pour y revivre dans les momens actuels; chaque jour croît fon empire & la haine de mon pere. Voilà, ma mere, le tableau préfent qui ne tardera pas à fe charger de nuances qui me font frémir. Mon pere empire; Aftruc a dit que fon état étoit très-grave, que tous les remedes y cédoient, qu'il y avoit fuppuration établie dans les reins, qu'il ne pouvoit fixer la durée, mais qu'il entrevoyoit le danger certain. Il a été interrogé par Madame de Vieuxmaifons, & lui a parlé & répondu clairement. Madame Charliere la chaffe tant qu'elle peut, il y a journellement fcène entr'elles. On refte perfuadé que la haine de mon pere lui eft commune, & qu'elle, ainfi que moi, refte la proie, & fera la feconde victime des fureurs de cette femme maudite & vomie par l'Enfer. Je defire bien ardemment, ma mere, qu'il ne foit que ma fanté qui fouffre de tout ceci, & que la vôtre n'en foit pas altérée, je vous conjure de la ménager; *c'eft aujourd'hui à moi à vous veiller, à vous défendre, & à mettre le monftre à vos pieds.* L'intérêt commun doit vous réunir à nous; mais tous les foins & les pas doivent vous être épargnés, & c'eft mon intention & mon but. Je fuis, &c.

P. S. Vous trouverez certainement le filence D. coupable, je le trouve auffi. Il faut travailler à le lui faire rompre, c'eft à lui à parler; mais qu'efpérer de ce qu'il diroit? L'endurciffement eft à fon comble, ainfi que le pouvoir de l'Argus qui veille, & s'eft rendu un fentinelle qui exclut l'entrée à tout ce qui la doit avoir, & anéantit tout ce qui peut être contre fes vues & fon objet.

F

LETTRE de la Dame de VAUVRAY *au sieur* HATTE *son pere.*

.... Je sçais que Madame de C... a confessé le trouble qu'elle portoit dans votre famille, dans une amende-honorable faite en recevant ses Sacremens, à l'article de la mort, en présence de son mari & de M. de Ravanne son frere, qu'elle supplia de regagner ma mere, dont le sort nous est un cri, sur lequel nous ne pouvons gémir que dans le silence, vis-à-vis de vous, mais que nous pouvons élever contre ceux que nous en pouvons voir l'auteur. Cette époque a date de mon enfance, qui m'en a néanmoins laissé les traces & l'impression, & qui en a laissé de plus fortes dans son mari, puisqu'elles l'ont conduit à s'en séparer, & à se retirer à Saint Victor, parti dans lequel il a persévéré jusqu'à la mort..... Je lui vois porter envie aux heures que je passe auprès de vous. Nous sommes faites pour connoître les vôtres seulement; je ne dois pas plus vous gêner qu'elle que je vois rester chez vous, & qui ne veut les soirées que pour détruire des journées. Elle est le plastron du cri public & des clameurs de toute votre famille; si elle ne combattoit pas sans relâche votre affection pour vos enfans, nous en jouirions. Vous les verriez placés auprès de vous, & les desireriez. Si nous sommes jalouses des droits & de la préférence que vous lui accordez, c'est notre attachement pour vous qui parle, votre silence pour elle vous est une preuve de notre respect. Nous voyons évidemment qu'elle nous trouve de trop chez vous, qu'elle est notre accusatrice auprès de vous, qu'elle approuve .... des parties qu'il seroit devoir pour elle de combattre, si elle usoit de son crédit sur vous, en ce qu'il devroit être exercé. Il ne nous reste de ressource que dans nos représentations & nos remontrances; il devient devoir étroit pour nous de les placer nous-mêmes sous vos yeux. Si ce crédit a fait constamment le malheur de votre famille, toute votre vie, elle en doit craindre les derniers instans, & nous en devons espérer. Ils sont faits pour offrir les objets sous leurs vraies nuances & arracher l'illusion, lui arracher le masque & le faire tomber à vos pieds, vous faire démêler enfin si c'est bien son attachement pour vous qui la guide, ou des vues basses, mercenaires & iniques.

LETTRES de la Dame HATTE au Curé de la Madeleine, & RÉPONSES de ce Curé à la Dame Hatte, qui prouvent, 1°. que dès 1759 la Dame Hatte reconnoiſſoit le ſieur de Rougemont pour ſon fils : 2°. qu'elle vouloit le préſenter à ſon mari pour le reconnoître : 3°. qu'elle en a été empêchée par le ſoin qu'a eu la Dame de Vieuxmaiſons de lui interdire l'entrée de la chambre du ſieur Hatte dans les derniers jours de ſa vie.

LETTRE de Me GERBIER au ſieur CATHLIN.

NOUS avons vu, Monſieur, par la plaidoierie du Défenſeur de Madame de Vieuxmaiſons, que vous lui avez communiqué une Lettre de Madame Hatte, de l'année 1759 ; je deſirerois avoir moi-même une copie de cette Lettre, & je vous ferois fort obligé ſi vous pouviez y joindre copie des autres Lettres que vous a écrites Madame Hatte. Je ne penſe pas que vous en gardiez le ſecret pour l'une des Parties, après les avoir communiquées à l'autre.

Je ſuis avec reſpect, Monſieur, votre très-humble & très-obéiſſant ſerviteur. *Signé,* GERBIER.

Ce 21 *matin.*

Voudriez-vous bien auſſi, Monſieur, me donner la date préciſe de la quittance des cent mille livres ?

REPONSE du Curé de la Madeleine à la Lettre ci-dessus.

Paris, ce 11 Janvier 1765.

JE n'héfite point, Monfieur, à vous envoyer les copies que vous me demandez ; ce font des pieces que j'ai toujours cru communes entre les Parties, auffi en ai-je donné également copie à Mefdames de Vauvray & de Vieuxmaifons. Je ne puis pas néanmoins vous donner copie d'une de ces Lettres ; je viens d'en remettre l'original à l'Homme d'affaires de M. Hatte, pour le remettre à M. le Subftitut. En parcourant les Lettres dont je vous envoie copie, j'ai trouvé des faits qui m'étoient échappés, & cela ne doit pas paroître étonnant, Monfieur, après cinq années d'intervalle. Je vous fais cette obfervation, parce qu'il y a quelque tems que Madame de Vieuxmaifons m'a envoyé une note des faits qu'elle me demandoit d'attefter. Je lui ai écrit en conféquence une Lettre, dont elle fera peut-être ufage, dans laquelle je m'apperçois trop tard que je me fuis trompé. Je ne vous diffimulerai pas même que je viens de retrouver un Imprimé pour Madame Hatte, dans lequel font rapportées deux Lettres que j'eus l'honneur de lui écrire en 1759 & 1760. Je n'en avois pas gardé de minute, & il ne m'eft pas venu dans l'idée de recourir à cet Imprimé, avant de m'expliquer fur les faits qui m'ont été préfentés de la part de Madame de Vieuxmaifons ; mais je me réfere entiérement à ces Lettres, que j'ai écrites dans le tems même où les chofes fe font paffées, & je protefte auprès de vous contre l'ufage que l'on voudroit faire de ma Lettre du mois dernier. Je crois être excufable, au bout de plu-fieurs années, de ne me pas être reffouvenu de petites circonftances que mille autres ont chaffées depuis de ma mémoire, & je ferois au défefpoir qu'aucune des Parties intéreffées, que j'eftime & honore toutes égale-ment, eût à fe plaindre d'un oubli involontaire de ma part. Vous pouvez, Monfieur, faire l'ufage que vous voudrez de celle que j'ai l'honneur de vous écrire. Je fens le défagrément que l'on peut me faire effuyer, en me mettant en contradiction avec moi-même ; mais mon excufe eft dans mon cœur, & tous ceux qui me connoiffent favent que je fuis incapable de chercher à en impofer. J'ai rendu hommage à la vérité dans les Lettres que j'ai écrites à Madame Hatte en 1759 & 1760. J'ai voulu lui rendre également hommage dans ma Lettre à Madame de Vieuxmaifons. Rendez-moi cette juftice, ainfi que celle de me croire avec un ref-pect très-fincere,

MONSIEUR, votre très-humble, &c.

Signé, CATHLIN, Curé de la Madeleine.

La date précife de la quittance de Madame Hatte eft du 8 Octobre 1759.

PREMIERE LETTRE de la Dame Hatte au Curé de la Madeleine, annoncée par la Lettre de celui-ci du 21 Mars 1765.

Ce 29 Août.

J'ai reçu, Monſieur, la Lettre que vous m'avez fait l'honneur de m'écrire : je comptois avoir celui de vous porter ma réponſe moi-même à Paris, où je devois aller paſſer deux jours. Je ſuis obligée de différer l'exécution de ce projet ; permettez-moi de vous aſſurer que je ſuis très-reconnoiſſante de la juſtice que vous m'avez rendue en ayant peine à comprendre que je donnaſſe les mains aux ſujets de peine que vous me marquez que M. Hatte reçoit journellement de ſes filles. Le ſoin que l'on a pris de les éloigner de moi auroit dû me mettre à l'abri d'un ſoupçon auſſi injurieux. Je crains très-fort que la ſéduction à laquelle il eſt livré depuis quarante ans, n'établiſſe tous les torts dont elles ſont accuſées ; l'on ne peut me le reprocher, puiſqu'il y a dix ans que je ne les ai vues : il me les a enlevées à l'âge de deux ans, a confié leur éducation à ma plus cruelle ennemie. Il les a mariées en violant à mon égard toutes ſortes de devoirs, tant de religion que de bienſéance : elle a eu le front d'occuper ma place dans l'Egliſe & dans ma maiſon ; le venin de ſon ame, & toutes les noirceurs qu'elle a employées pour détruire dans le cœur de M. Hatte les principes les plus ſacrés, raſſemblent dans ce moment fatal toutes leurs forces vis-à-vis de la mere & des enfans. C'eſt ſous ſa dictée que les Audiences & les Mémoires imprimés de M. Hatte, dans le temps de mon procès, ont été remplis de fauſſetés & de calomnies odieuſes: elle lui a perſuadé que la Religion n'exigeoit point le ſacrifice cruel d'une ſéparation: elle lui a perſuadé que la dévotion ne devoit pas être pouſſée juſqu'à l'inhumanité, & qu'elle ne pourroit ſurvivre à une rupture qui rétabliroit ſa femme & ſes enfans dans tous leurs droits: elle a trouvé le moment, par ſes aſſidui-tés, de terminer un procès, dans lequel elle ne jouoit pas un beau rôle, avec une ſomme de 180000 liv. don-née par M. Hatte. Aucunes de ces circonſtances n'eſt ignorée dans le public & dans Chatou.

A l'égard des aſſurances que vous avez la bonté de me donner de la part de M. Hatte, je vous laiſſe à ju-ger ſi je ſuis fondée à les croire ſinceres de ſa part; j'y reconnois votre morale, l'équité, la juſtice qui regnent dans votre ame; & quoiqu'il trouve en vous l'interprete le plus reſpectable & le plus capable de perſuader, je ne puis comprendre qu'il puiſſe rendre à Dieu compte de ſes actions par une démarche de cette nature: je ne peux donc me refuſer aux réflexions qu'elles entraînent, *& je vois qu'il ne me reſte de reſſource que de gémir amérement juſqu'au dernier ſoupir de ma vie ſur le bandeau qui l'aveugle, qui lui fait tenir captive une vérité, dont l'aveu le feroit périr.*

Je n'ai point entendu parler de la Lettre que je de-vois inceſſamment recevoir de lui. La Dame * * * a tout le tems d'uſer de ſon empire & d'éloigner toute démarche à mon égard. J'ai cru que la repréſentation que vous lui feriez ſur le tribunal de ſon for intérieur, qu'il doit ſeul conſulter dans ſes derniers momens, lui feroit impreſſion: j'avois cependant prévu l'inutilité de cette démarche, malgré la pofition où je fuis avec lui, qui n'a point d'exemple. Je fouhaiterois de tout mon cœur lui procurer de la tranquillité, & voir rétablir la paix dans la famille. Je defire bien fincérement que fon état n'ait point de fuites fâcheufes. Je vous fupplie de l'en affurer, & d'être perfuadé que je fuis incapable de lui faire aucune perfécution, & que je me ferai toute ma vie honneur de fuivre vos confeils. Je fuis, .Monfieur, avec refpect, votre très-humble & très-obéïffante Servante. *Signé*, Miotte Hatte.

Je certifie que la copie ci-deffus & de l'autre part eft conforme à l'original que j'ai entre les mains. Fait à Paris, ce 21 Mars 1765. Signé, Cathlin, *Curé de la Madeleine de la Ville-Levêque.*

Seconde *Lettre de la Dame* Hatte *, au fieur* Cathlin.

A Paris, ce 24 Décembre 1759.

Vous m'avez fait la grace, Monfieur, de m'affurer en préfence de M. du Scellier, qui m'a accomgagné chez vous lorfque j'ai eu l'honneur d'aller vous repré-fenter mes inquiétudes fur la fomme de cent mille liv. que vous m'avez remife du vivant de M. Hatte par fes ordres & en billets des Fermes fur M. de Mezieres, que jepouvois être tranquille fur ce point ; que M. Hatte, en vous remettant cette fomme pour moi, vous avoit chargé de me dire de fa part, ainfi que vous avez déja eu la bonté de m'en affurer, lorfque j'ai reçu de vous

ladite

ladite fomme, qu'il ne m'en fera jamais demandé aucun compte, & que je pouvois en faire la deftination. Cependant, Monfieur, en ayant fait, fur le champ, celle pour laquelle je n'ai pas douté un moment que ce ne fût fon intention, je ne puis être tranquille fur la quittance que vous en avez exigée de moi. J'ofe vous fupplier de me raffurer fur ce point, en me faifant la grace de me mander fi ce ne font pas les termes dont il s'eft fervi avec vous.

Je ne fuis pas moins agitée d'un difcours que vous m'avez tenu en préfence de M. du Scellier, que *tout avoit retenti dans la maifon de Monfieur Hatte, dans les derniers momens de fa vie, que Monfieur de Rougemont,* MON FILS, *étoit à la porte, & qu'il y attendoit le moment que je le préfentaffe à* SON PERE, *que je n'en cherchois que l'occafion, que l'on s'étoit même attendu à fa mort que je l'euffe fait, & qu'on l'avoit appréhendé. Je ne difconviendrai pas avec vous que Monfieur de Rougemont étoit aux environs de la maifon par mes ordres, pour attendre le moment d'être préfenté à* SON PERE : *comme Monfieur Hatte m'avoit promis dans tous les temps qu'il lui auroit rendu juftice de fon vivant, fi je voulois le laiffer maître du moment, je n'avois pas douté, Monfieur, lorfque vous vous êtes donné la peine de me venir chercher de fa part à Chatou, qu'il ne voulût effectuer fa promeffe ; mais probablement les précautions ayant été multipliées après les Sacremens recus pour m'empêcher de rentrer dans fa chambre, je n'ai pu lui rappeller fes promeffes, ni lui préfenter* SON FILS, *ainfi que vous le favez bien.*

G

Je fuis avec refpect, Monfieur, votre très-humble & très-obéiffante fervante. *Signé*, Miotte Hatte.

Je certifie que la copie ci - deffus & de l'autre part, eft conforme à l'original que j'ai entre les mains. Fait à Paris, ce 21 Mars 1765. Cathlin, Curé de la Madeleine de la Ville-Levêque.

Réponse du Curé à cette Lettre.

28 Décembre 1759.

Madame, il eft très-vrai que Monfieur Hatte m'a chargé de vous remettre en billets fignés de Monfieur Mezieres, la fomme de cent mille livres, & de vous dire expreffément que vous pouviez être tranquille fur cet objet ; que l'on ne vous demanderoit jamais aucun compte de cette fomme, & que vous pouviez en difpofer ainfi qu'il vous plairoit. Ce font les propres expreffions dont il s'eft fervi, & que je vous ai rendues fans y changer un mot.

Il ne l'eft pas moins que j'entendis dire chez Monfieur Hatte dans les derniers jours de fa vie, que Monfieur Rougemont étoit aux environs de la maifon, que l'on s'attendoit d'inftant à autre de le voir entrer pour être préfenté à Monfieur Hatte mourant, par Madame fon époufe, à l'effet de le faire reconnoître ; ce font les propos qui furent tenus alors, & qui n'eurent point d'exécution, puifque Monfieur Hatte eft mort, comme vous favez, fans l'avoir vu non plus que vous, ni Mefdames fes filles, fi ce n'eft Madame de Vieuxmaifons, qui étoit avec moi dans fa chambre lorfqu'il eft mort.

J'ai l'honneur d'être avec un refpect infini,

MADAME, votre très-humble & très-obéiffant ferviteur. *Signé*, CATHLIN, Curé de la Madeleine de la Ville-Levêque.

AUTRE Lettre du Curé de la Madeleine, à la Dame HATTE.

Paris, ce 23 Janvier 1760.

VOTRE Lettre, Madame, m'étonne beaucoup. J'ai toute la peine du monde à comprendre comment une perfonne * qui a été témoin oculaire de tout ce qui s'eft paffé lors du décès de feu M. Hatte, puiffe fe refufer à des faits auffi conftans. Vous exigez de moi que je rende témoignage de leur réalité. Je le ferai avec toute la fincérité dont je fuis capable. Il eft très-vrai, Madame, que j'ai eu l'honneur de vous aller voir à Chatou deux fois ; la premiere j'y fus conduit dans un Fiacre, & la feconde dans la Chaife de pofte de M. Hatte. Je vous fis ces deux vifites de fa part, & je vous y affurai de tous fes fentimens pour vous. Il eft encore très-vrai & de notoriété publique, que vous êtes venue chez moi le jour même qu'il reçut les derniers Sacremens ; qu'avant leur adminiftration nous fûmes enfemble chez lui, que vous approchâtes de fon lit, qu'il vous prit la main, qu'il s'exprima d'une maniere attendriffante, pour vous & pour Mefdames vos filles, qui

* Madame de Vieuxmaifons.

ainſi que moi étions dans la chambre près du lit , & préſens à cette réconciliation ; que je vous quittai peu après pour aller à l'Egliſe, d'où j'apportai dans l'inſtant notre Seigneur ; que vous demeurâtes dans la chambre pendant l'adminiſtration ; que vous vous étiez trouvée mal lors du diſcours touchant que vous avoit adreſſé M. Hatte, & qu'il vous avoit fait une révolution ; qu'il envoya même dans l'antichambre vous aſſurer combien il étoit touché votre état, avec inſtance de demander tout ce dont vous auriez beſoin ; qu'enfin vous êtes demeurée chez lui les deux derniers jours de ſa vie, & que vous n'en êtes ſortie qu'après ſa mort. Voilà, Madame, des faits ſur leſquels il n'eſt pas poſſible de vatier. J'en ai été témoin, puiſque vous ſavez que j'ai été auprès de lui juſqu'à ce que Dieu en eût diſpoſé. Je ſuis dans la diſpoſition très - ſincere de les certifier dans toute occaſion.

J'ai l'honneur d'être avec tout le reſpect poſſible ,

MADAME, votre très-humble & très-obéiſſant ſerviteur. *Signé*, CATHLIN , Curé de la Madeleine de la Ville-Levêque.

Me MOREAU DE VORME , Avocat.

ERRATA DE LA REQUÊTE.

Page 10 , *ligne* 15 , 1736 & 1737, *liſez* 1735 , 1736 & 1737.
Page 40 , *ligne* 13 , rejetté celle, *liſez*, rejetté la preuve.
Page 45 , *ligne premiere*, s'égarer, *liſez*, l'égarer.

De l'Imprimerie de L. CELLOT , rue Dauphine. 1766.

CERTIFICAT

De M. DE DURFORT, Marquis de Civrac, ancien Colonel du régiment d'Aunis, en faveur du sieur DE ROUGEMONT, *qui constate les tracasseries qui lui ont été faites dans son Corps au sujet de son état, & qui prouve encore l'inexistence du sieur Etienne Rougemont, & de Jeanne Morel, ses prétendus pere & mere.*

NOUS soussigné, Maréchal des Camps & Armées du Roi, ci-devant Colonel du régiment d'Aunis, certifions qu'en l'année mil sept cent quarante, on reçut dans le régiment d'Aunis, depuis incorporé dans celui de Languedoc, l'Officier qui réclame l'état de fils légitime de M. Hatte, Fermier Général, & de la Dame son épouse; lequel Officier, connu sous le nom de Rougemont, est aujourd'hui premier Capitaine factionnaire dudit régiment de Languedoc, & Chevalier de l'Ordre royal & militaire de Saint Louis : que quelque tems après la réception dudit Officier, le régiment d'Aunis *ayant des doutes sur son état,* fit des informations pour être instruit, & pour savoir s'il y avoit véritablement une famille de Rougemont, à laquelle il appartînt; *que les différentes recherches n'ayant pu produire aucune connoissance, ce régiment fut persuadé, comme il l'a toujours été, que le vrai nom dudit Officier n'étoit pas Rougemont; qu'en conséquence ledit Officier a été plusieurs fois inquiété à ce sujet, & qu'au défaut de preuves sur sa naissance, il a mérité qu'on lui rendît justice à tous égards par sa conduite estimable dans ces différentes situations.* En foi de quoi nous lui avons donné ce présent certificat, pour lui servir ce que de raison. A Paris, le 22 de Novembre 1764. *Signé,* LE COMTE DE DURFORT DE CIVRAC.

M. le Marquis DE BROC, qui a été depuis Colonel de ce régiment, & qui est aujourd'hui Maréchaldes Camps & Armées du Roi, Commandeur de l'Ordre de Saint Louis, & tous les principaux Officiers du Corps en ont donné de semblables.